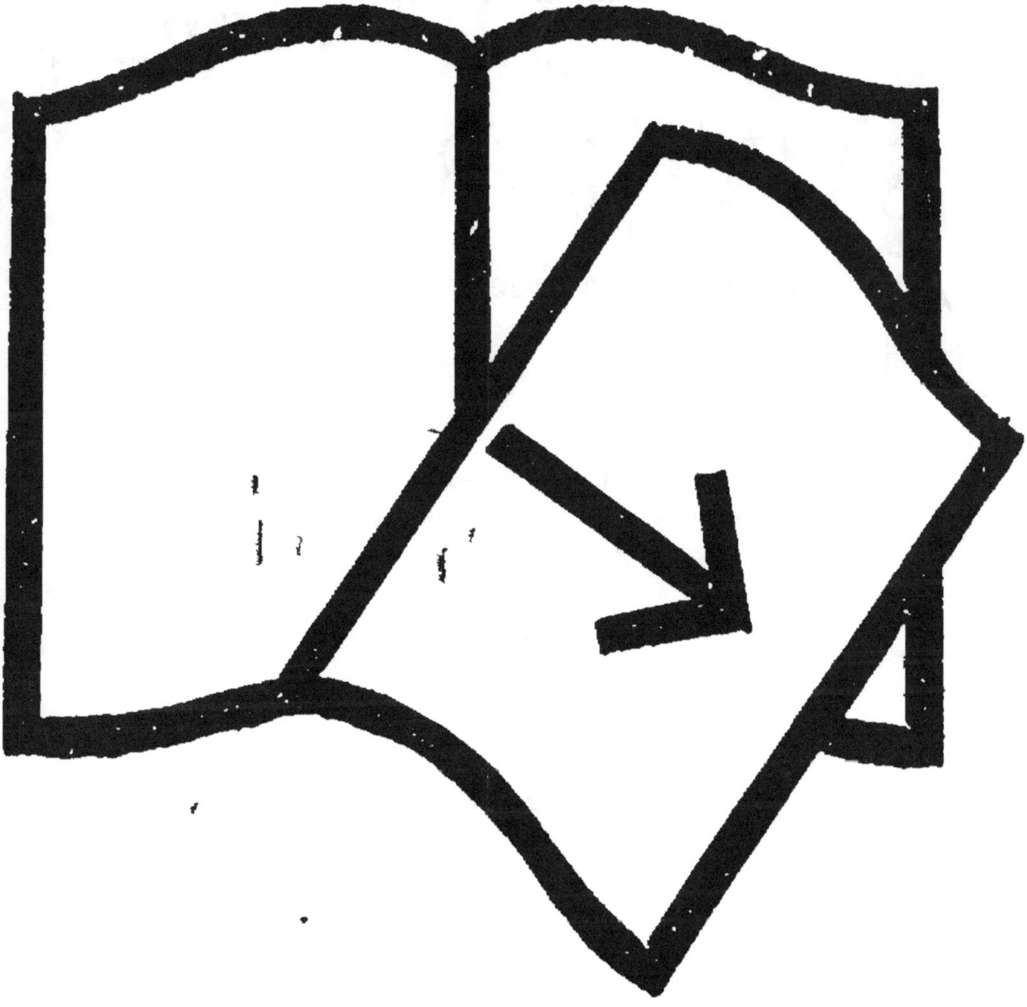

Couvertures supérieure et inférieure
manquantes

L'ABBAYE

DE

SAINT-EVROULT

Paroisse de Touquette-en-Ouche

de 1789 à 1815

D'APRÈS LES DOCUMENTS LA PLUPART INÉDITS, EXTRAITS DES
REGISTRES DE LA PAROISSE DE NOTRE-DAME DE TOUQUETTE,
SUR LE TERRITOIRE DE LAQUELLE ÉTAIT SITUÉE LA CI-DEVANT ABBAYE

Colligite fragmenta ne pereant.

PAR

M. l'Abbé DUPONT

CURÉ DE LA TRINITÉ-DES-LETTIERS

En vente chez M. l'Abbé MORIEUX

CURÉ DE TOUQUETTE

Par Saint-Evroult-Notre-Dame-du-Bois. — Orne.

AU PROFIT DE SON ÉGLISE

—

1897

AVANT-PROPOS

L'ABBAYE DE SAINT-EVROULT

AVANT LA RÉVOLUTION

> Les siècles devant elle en passant tour à tour
> Ont chanté leur cantique
> Et plus d'un beau miracle à leur foi sans détour
> Mit la marque authentique.
>
> J. CLINCHAMPS

Avant la Révolution, l'abbaye de Saint-Evroult (1) était située sur un territoire que les lois de l'époque déclaraient indépendant : tel avait été le désir des bienfaiteurs du monastère, lorsque l'an 1050 de l'Incarnation du Sauveur, ils résolurent de relever ses ruines (2).

Orderic Vital nous apprend, en effet, que

(1) Canton de la Ferté-Frênel, Orne.
(2) Le monastère, fondé par saint Evroult au vi⁰ siècle, avait été détruit.

« Guillaume et Robert fils de Giroie, Hugues et Robert, fils de Robert, de Grandménil mirent, d'un commun accord, sous la protection de Guillaume, duc de Normandie, le lieu affranchi dont il est question, afin qu'on ne pût exiger ni pour eux ni pour qui que ce soit, ni des moines ni de leurs hommes, aucune redevance, ni revenu, ni aucune autre chose que le bénéfice des prières. Ce fut avec grand plaisir, ajoute l'historien, que le Duc accueillit ce témoignage de leur bonne volonté et qu'il confirma la charte qui contenait les donations faites à saint Evroult par ces seigneurs, et la fit souscrire de Mauger, archevêque de Rouen et des évêques ses suffragants (1). »

Le célèbre monastère d'Ouche, tel que l'ont vu nos ancêtres en 1789, se composait de deux parties, séparées par une grande cour (2) ; lorsqu'on entrait par la porte principale (3) on apercevait à sa droite la maison de l'Abbé avec ses dépendances, à gauche la maison du Frère Procureur (4) et les bâtiments réservés aux Religieux :

(1) Orderic Vital, livre III.
(2) *Area major*.
(3) *Porta major*.
(4) Cette chambre est convertie aujourd'hui en une chapelle dédiée à saint Evroult.

1° L'église (1) avait une longueur de 93 mètres environ et était surmontée de deux clochers élégants et d'une large tour. Elle avait été commencée au xi° siècle, par l'abbé Mainier qui la consacra à Marie, mère du Sauveur, à l'apôtre saint Pierre et au saint confesseur Evroult.

2° La sacristie était placée près du chœur et du côté de l'Épitre.

3° La salle capitulaire (2) où les religieux s'assemblaient pour discuter les intérêts du monastère.

4° Le dortoir (3) où les moines prenaient leur repos.

5° Le réfectoire (4) était placé en opposition avec l'église ; il possédait une tribune pour la lecture, obligatoire pendant les repas.

(1) L'église avait 278 pieds de longueur et 72 pieds de largeur sans comprendre le tour des chapelles. La voûte du chœur était élevée de 78 pieds, et le lambris de la nef, ainsi que de la croisée, de 76. La grosse tour, qui était au milieu de la croisée, avait 100 pieds de hauteur. (*Orne pittoresque.*)

(2) La longueur du chapitre était de 50 pieds ; sa largeur de 28.

(3) Le dortoir avait 196 pieds de longueur sur une largeur de 30.

(4) Le réfectoire était long de 130 pieds et large de 38 ; sa hauteur était de 56 pieds.

6° Le cloître (1), lieu habituel de promenade pour les Bénédictins, était formé par une vaste cour gazonnée qu'entourait une galerie couverte.

7° L'hôtellerie où l'on recevait les étrangers.

8° Deux infirmeries où l'on donnait aux malades les soins que réclamait leur état.

Quant aux autres bâtiments tels que greniers, granges, moulins et écuries, ils étaient aussi entourés de murailles élevées et l'on nommait cette nouvelle partie du monastère clos ou enclos.

« Un édifice en pierre est un travail fort difficile à Ouche, parce que la carrière de Merlérault d'où l'on transporte la pierre de taille en est éloignée de six milles. C'était donc pour les chefs de l'entreprise une très grande difficulté que de réunir les chevaux, les bœufs et les charrettes pour le transport de tant de pierres et des autres matériaux, nécessaires à un si grand ouvrage. Avec l'aide de Dieu et avec les largesses et les secours de ses frères et de ses amis, l'abbé Mainier termina une église belle et vaste, propre à célébrer fort à l'aise le service de Dieu, un cloître et un chapitre, un dortoir et un réfectoire, une cuisine et un cellier et les autres

(1) Le cloître avait 142 pieds sur chacune de ses faces.

pièces nécessaires à l'usage des moines (1). »

L'abbaye de Saint-Evroult appartenait au diocèse de Lisieux et il en fut ainsi jusqu'à la Révolution.

« Lorsque Hugues et Robert, dont il a été parlé, eurent relevé les murs du monastère ils se rendirent à Jumiège et demandèrent au seigneur Robert, qui en était l'abbé, le moine Théodoric pour le placer à la tête de leur abbaye. Le seigneur Robert accéda volontiers à la juste demande de ces nobles hommes et leur donna le moine qu'ils reconnaissaient le plus propre au soin pastoral.

« A cette occasion, Hugues, évêque de Lisieux, se rendit à Ouche, avec son archidiacre Osbern et d'autres prêtres, il y conduisit le vénérable moine Théodoric et, le 3 des nones d'octobre, 5 octobre 1050, qui était un jour de dimanche, il le consacra solennellement (2). »

Plusieurs fois cependant nous verrons les évêques voisins venir à l'abbaye et prendre intérêt aux moines. « Ces voyages ne peuvent étonner personne, dit Orderic Vital, car à cette époque,

(1) ORDERIC VITAL, livre III. — Depuis Mainier, l'église brûlée en 1588, avait été restaurée et réédifiée. Le monastère aussi avait été reconstruit en partie, à deux ou trois fois différentes. (*Orne pittoresque.*)

(2) ORDERIC VITAL, livre III.

trois généreux prélats gouvernaient chacun une cité importante et des paroisses limitrophes. Hugues, fils de Guillaume, comte d'Eu, était évêque de Lisieux, Guillaume, fils de Gérard Fleitel, dictait les lois ecclésiastiques aux habitants d'Evreux ; et Ives, fils de Guillaume de Bellême, prodiguait aux gens de Séez les soins du salut éternel. Ces trois prélats se distinguaient alors en Normandie par leur ferveur pour le culte divin autant que par leur parfait accord, et ils étaient unis par les nœuds d'une telle amitié que chacun d'eux, pourvu que le temps où la raison ne s'y opposassent pas, vaquait sans litige et sans exciter l'envie à toutes les œuvres divines dans le diocèse de son voisin (1). »

L'abbaye d'Ouche était proche de l'église de Notre-Dame-du-Bois (2) et distante du bourg de Touquette (3) de 3 kilomètres environ, mais parce qu'elle appartenait au diocèse de Lisieux, elle fut réunie à cette dernière paroisse, lorsque l'assemblée nationale, par son décret du 21 septembre 1789, déclara les biens donnés à l'Église propriété de la Nation.

(1) Orderic Vital, livre III.
(2) Diocèse d'Evreux.
(3) Diocèse de Lisieux.

L'ABBAYE DE SAINT-EVROULT

(Paroisse de Touquette-en-Ouche).

PENDANT LA RÉVOLUTION

« L'Abbaye de Saint-Evroult était encore un des principaux monastères de Normandie, un des plus beaux comme monument, un des plus riches en propriétés territoriales, en livres, en manuscrits précieux, en chartes et en reliques, lorsqu'éclata la Révolution française (1). »

Le jeudi, 30 septembre 1790, M. Ferdinand Lévêque, prieur, se rendit à Touquette et déposa au greffe de la municipalité le catalogue des réligieux Bénédictins qui habitaient la maison de

(1) *Orne pittoresque.*

Saint-Evroult ; ils étaient au nombre de treize (1) :

Ferdinand Lévêque, prieur, né à Mont-Brechain, diocèse de Noyon, le 23 octobre 1743, profès à Jumièges, le 10 Juillet 1768.

Michel Allais, sous-prieur, né à Saint-Ouen-de-Reculé, diocèse de Bayeux, le 20 mars 1751, profès à Saint-Evroult, le 20 mars 1772.

Pierre-Claude Duboisvallée, né à Alençon, diocèse de Séez, le 14 janvier 1718, profès à Saint-Evroult, le 29 novembre 1736.

François-Joseph Beghin, né à Villers-Brullin, diocèse d'Arras, le 8 mars 1752, profès à Jumièges, le 5 février 1774.

François-Henry Le Grand, né à Rouen le 2 janvier 1762, profès à Saint-Ouen, le 4 janvier 1783.

Constant-Augustin-Jean Destais, né à Landivy, diocèse du Mans, le 20 février 1763, profès à Rouen, le 26 février 1784.

Augustin-François-Joseph Bloquel, né à Ledinghen, diocèse de Boulogne, le 19 janvier 1767, profès à Fécamp, le 1er juillet 1789.

(1) François III Bareau de Gerac, évêque de Rennes, était abbé commandataire depuis dix ans ; le véritable abbé etait le prieur.

Au commencement du xiie siècle, l'abbaye gouvernée par Roger du Sap comptait cent quinze moines.

Charles-Nicaise Judas (dit Derain), né à Saint-Omer, le 21 février 1767, profès à Fécamp, le 1er juillet 1789.

François Poret, né à Biards, diocèse d'Avranches, le 6 septembre 1764, profès à Fécamp, le 1er juillet 1789.

Pierre-Jean-Baptiste Bricque, né à Coutances, le 24 juin 1770, profès à Fécamp, le 1er juillet 1789.

Louis-Georges Lemarchand, né à Saint-Pierre-sur-Dive, diocèse de Séez, le 23 octobre 1767, profès à Fécamp, le 1er juillet 1789.

Jean-François-Gabriel Coulomb, né à Coutances, le 22 avril 1768, profès au Bec, le 4 juillet 1789.

Pierre Gautier, frère convers, né à Annecy, diocèse de Nantes, le 23 juin 1726, profès à Séez, le 13 février 1758.

Le samedi de la même semaine et les jours suivants, MM. Gautier, Lemarchand, Judas (dit Derain) et Bloquel viennent déclarer au greffe de la municipalité de Touquette qu'ils désirent vivre en commun et demandent qu'en vertu de l'article 20 du décret du 15 septembre 1790, ils soient réunis aux religieux de leur ordre, autan que faire se pourra.

Sept autres religieux sont résolus de se retirer dans leur famille, ce sont : MM. Allais, Poret, Duboisvallée, Legrand, Bridque, Lévêque et Beghin.

Enfin, MM. Coulomb et Destais ont déjà quitté le cloître.

Conformément aux décrets de l'assemblée nationale sanctionnés par le roi le 26 février 1790, « il sera payé à chaque religieux qui aura fait sa déclaration de vouloir sortir de sa maison, par quartier et d'avance à compter du jour qui sera incessamment réglé, savoir :

« A l'égard des religieux non mendiants, neuf cents livres jusqu'à cinquante ans, mille livres jusqu'à soixante-dix ans et douze cents livres après soixante-dix ans.

« Les frères lais convers qui auront fait des vœux solennels et les frères donnés qui supporteront un engagement contracté en bonne forme entre eux et leur monastère jouiront annuellement et quand ils sortiront de leurs maisons de trois cents livres jusqu'à cinquante ans, quatre cents livres jusqu'à soixante-dix ans et cinq cents livres après soixante-dix ans. »

On sait comment ces belles promesses furent accomplies !

Dans les derniers jours de novembre 1789, on présenta aux religieux le décret de l'Assemblée nationale, en date du 13 du même mois : « ils étaient tenus de faire une déclaration détaillée de tous leurs biens mobiliers et immobiliers dépendants de leurs bénéfices ainsi que de leurs revenus et de fournir, dans deux mois pour tout délai, un état détaillé des charges dont lesdits biens peuvent être grevés. » L'Assemblée nationale voulait connaître les biens de l'abbaye pour les soumettre à l'imposition dont ils avaient été exempts jusqu'à ce jour.

Le mercredi 23 décembre 1789, les membres du conseil municipal de la paroisse de Touquette s'assemblèrent pour procéder à l'imposition des fonds privilégiés que les religieux possédaient sur le territoire de cette communauté :

« 1° Les sieurs abbé et religieux de l'abbaye de Saint-Evroult faisant valoir leurs enclos et partie de réserve à la somme de vingt livres ;

« 2° Les mêmes pour partie de la grosse forge du Pont-OEuvre à cent cinquante livres ;

« 3° Les mêmes pour partie de la ferme de Noireau à trente livres ;

« 4° Les mêmes, pour la ferme de l'Étang-Neuf, à huit livres ;

« 5° Les mêmes, pour partie de la ferme de la Gastine-Saro à vingt-cinq livres. »

Après avoir perdu leurs privilèges, les religieux de Saint-Evroult furent bientôt dépouillés des meubles et des objets précieux de leur abbaye, ainsi que l'avait décrété l'Assemblée nationale, le 13 novembre 1789.

« Tous titulaires de bénéfices de quelque nature qu'ils soient, et tous supérieurs de maisons et établissements ecclésiastiques, sans aucune exception, seront tenus de faire sur papier libre et sans frais, dans deux mois pour tout délai, par-devant les juges royaux ou les officiers municipaux une déclaration détaillée de tous les biens mobiliers et immobiliers dépendants desdits bénéfices, maisons et établissements, ainsi que de leurs revenus, et de fournir dans le même délai un état détaillé des charges dont lesdits biens peuvent être grevés ; lesquelles déclarations et état seront par eux affirmés véritables devant les susdits juges ou officiers et seront publiés et affichés à la porte principale des églises de chaque paroisse où les biens sont situés et envoyés à l'Assemblée nationale par lesdits juges et officiers.

« Lesdits titulaires et supérieurs d'établissements ecclésiastiques seront tenus d'affirmer qu'ils n'ont aucune connaissance qu'il ait été fait directement ou indirectement quelques soustractions des titres, papiers et mobiliers dudit bénéfice et établissements ; et ceux qui auront fait des déclarations frauduleuses seront poursuivis devant les tribunaux et déclarés déchus de tout droit à tous bénéfices et pensions ecclésiastiques. »

Ce ne fut qu'un an plus tard, le 9 novembre 1790 que ces meubles et autres objets furent ravis à leurs légitimes possesseurs.

« L'an mil sept cent quatre-vingt-dix, le neuvième jour de novembre, avant midi, nous greffier de la municipalité de Touquette, par l'ordre exprès de M. le Maire de ladite municipalité, sommes transporté à l'abbaye de Saint-Evroult, en cette paroisse, où étant en présence de MM. Lévêque, prieur, et Legrand, religieux de ladite abbaye, avons transporté tous les meubles des chambres de l'hôtellerie, repertoriés le jour d'hier par MM. du directoire du district de Laigle, dans l'entrée du petit chartrier, entre la porte d'entrée et la seconde, où nous les avons déposés à l'exception des bois de lit et fonçailles, ainsi que les tapisseries, à l'exception aussi de ceux des deux chambres occupées par MM. Duboisvallée et Legrand, dont ils ont donné leur reconnaissance, et avons apposé les scellés sur la porte dudit petit chartrier et de l'ancienne infirmerie où sont aussi déposés divers meubles de ladite hôtellerie, et apposé notre cachet marqué à la lettre initiale de notre nom, en présence comme dessus et des sieurs Louis Le Bas, laboureur, de la paroisse de Notre-Dame du Bois, et François Biguet, menuisier en cette paroisse, lesquels ont signé avec nous ces dits jour et an que dessus. »

Suivent les signatures de Larouveraye, maire de Touquette ; J. Câtel, secr.; Lévêque, Legrand, Le Bas, Biguet.

La comptabilité des moines était également soumise à l'examen et la surveillance des membres du conseil municipal de Touquette.

« L'an mil sept cent quatre-vingt-dix, le dimanche 31 octobre, nous maire et officiers municipaux, sommes assemblés pour examiner et vérifier les états de recette et de dépense des sieurs religieux de l'abbaye de Saint-Evroult ; ils nous ont été présentés par les dits sieurs religieux, et après les avoir examinés, nous avons trouvé, suivant le calcul y porté, que la recette générale faite pendant l'année 1790 s'élève à la somme de 31,042 livres 4 sols 3 deniers, et celle de la dépense à 31,012 livres 13 sols 7 deniers et sur un grand nombre de quittances qui nous ont été présentées et que nous avons calculées, nous les avons trouvées s'élevant à la somme de 21,439 livres 10 sols 2 deniers, avons trouvé en outre dans ladite comptabilité celle de 10,432 livres 4 sols 3 deniers pour la nourriture et l'entretien des dits religieux.

« Lesquelles sommes réunies forment un total de 27,872 livres 11 deniers, et vu que lesdits sieurs religieux ont compté des fermages échus en 1789, mais qui n'ont été payés qu'en la présente année, leur délicatesse nous a portés à leur allouer volontiers le surplus de la dépense, tant pour les aumônes particulières que pour les autres charges de l'administration, et ce d'autant plus volontiers qu'ils nous ont déclaré avoir encore en leur possession plusieurs quittances, mais qui ne sont pas actuellement entre leurs mains ; pour quoy nous avons arrêté et approuvé lesdits états de comptabilité ce dit jour et an que dessus. »

Ont signé : Larouveraye, maire de Touquette ; Câtel, secr. greffier ; Jean Petit, Antoine Pichot

Les membres de la municipalité de Touquette reconnaissent donc que les religieux de Saint-Evroult sont incapables de les tromper, et, pour les récompenser de leur sincérité, ils leur abandonnent une somme disponible à distribuer aux pauvres.

Un certificat si élogieux n'empêcha pas ces hommes de bien d'être accusés de vol et de fourberie ; un habitant du bourg de Saint-Evroult prétendit que lesdits religieux avaient détourné, à leur profit, plusieurs objets provenant de l'abbaye et appartenant à la nation; mais laissons parler les témoins de cette odieuse délation.

« L'an mil sept cent quatre-vingt-onze, le jeudi troisième jour de février, nous maire et officiers municipaux de la paroisse de Touquette, par l'ordre exprès du directoire du district de Laigle, en date du jour d'hier, sommes transportés en l'abbaye de Saint-Evroult, assistés de MM. les maire et officiers municipaux de la paroisse de Notre-Dame du Bois, invités à se réunir à nous pour qu'en commun nous donnions notre avis sur les faits mentionnés dans une accusation faite à M. le procureur-syndic du directoire du district de Laigle, par le nommé Jean Boulley, demeurant au bourg de Saint-Evroult, en date du 24 janvier dernier et signée de lui.

« Sur quoy se sont présentés les sieurs religieux, lesquels interpellés de déclarer si les faits énoncés en ladite délation étaient vrais, ont répondu que c'était une pure calomnie, et se sont retirés ; après quoy nous sommes informés desdits faits, article par article.

« Sur le premier article disant que lesdits sieurs religieux ont séquestré cinq calices et un petit dans lequel ils communiaient tous, se sont présentés Jean Ledard, qui avait demeuré pendant quinze ans dans ladite maison, lequel a attesté que depuis vingt-deux ans, il n'a existé que quatre calices dans ladite maison, et Marin Quiquemelle, qui avait fait les fonctions de clerc pendant dix-huit mois, mais qui ne l'était plus depuis trois ans, a déclaré qu'il n'a jamais vu que quatre calices, et ont signé ; ce qui a été aussi attesté par M. Noë, maire de la municipalité de Notre-Dame du Bois. De plus, est arrivé Victor Chéron, lequel a déclaré la même chose et a signé.

« Sur le second article que lesdits sieurs religieux ont vendu onze chevaux, tant de selle que de carrosse, et cinq vaches dans leur écurie :

se sont présentés les sieurs Louis Le Bas, Clé-
ment Mulier et Jean Ledard, lesquels ont attesté
que depuis plus de six ans, lesdits religieux
n'ont eu que trois chevaux et trois vaches dont
la ventilation a été constatée par un procès-
verbal de la municipalité de Notre-Dame du
Bois.

« Sur le troisième article disant que lesdits
sieurs religieux ont séquestré quarante fûts,
tant tonnes que tonneaux, dans leur cave; sur
l'examen que nous avons fait, assistés comme
ci-dessus, de l'emplacement de ladite cave, nous
avons trouvé qu'elle ne peut contenir que vingt-
deux tonneaux et deux tonnes, et que les onze
tonneaux et les deux tonnes qui existent actuellement sont mentionnés au procès-verbal rédigé
par MM. les commissaires du district.

« Sur le quatrième article, faisant mention
dans la chambre du prieur de deux pendules en
or, et ladite chambre garnie de ce qu'il y avait
de mieux; s'est présenté le sieur prieur actuel,
lequel a déclaré qu'il n'y avait jamais eu dans
ladite chambre qu'un simple réveil dont il a
hérité de feu M. Caperon, son prédécesseur,
mort le 7 octobre 1789, et il a dit qu'au terme
des décrets, il lui appartenait, ainsi que tous

les autres meubles de ladite chambre, et a
signé :

« LÉVÊQUE, prieur.

« Sur l'article des arbres du jardin, nous y
étant transportés, n'y avons trouvé aucun vide.

« Sur l'article de l'aigle dans l'église, il a été
vendu avant le décret du 2 novembre 1789,
ainsi que quelques mauvais chandeliers garnis
de plomb.

« Sur l'article des ornements, nous n'avons
pu trouver aucune preuve qu'il y en ait eu aucune soustraction, il est intervenu M. Allais,
cy-devant sous-prieur et sacristain, lequel a déclaré qu'aucun ornement n'a été diverti de la
sacristie, et a signé :

« ALLAIS, sacristain.

« Sur l'article des barrières de fer, qui étaient
à leur jardin, qui ont dû être transportées chez
Louis Le Bas, à la Ratelière, leur fermier depuis
plus de dix ans, il n'a existé au jardin que des
portes de bois qui y sont encore ; sur quoy le
sieur prieur nous a déclaré qu'ayant trouvé à
son arrivée à ladite abbaye deux mauvaises
grilles en fer, couchées dans une grande salle,

et par conséquent inutiles, il les avait vendues, il y a environ dix mois, pour ferrailles, la somme de 80 livres à un serrurier de La Ferté, et qu'il les avait fait transporter chez le sieur Le Bas, pour la commodité de l'acheteur, ce qu'il a signé :

« LÉVÊQUE, prieur.

« Sur l'article du bras de saint Evroult, dont on aurait brisé les pieds pour en avoir l'argent, s'est présenté le sieur sacristain, lequel nous a déclaré que les pieds consistaient en trois petits supports d'environ chacun deux pouces, lesquels sont tombés par vétusté et doivent se retrouver sous le scellé, ce qu'il a signé :

« ALLAIS, sacristain.

« Quant aux articles des dix chambres, ce sont les chambres des religieux, dont ils ont disposé au terme des décrets, au sujet du vin, les sieurs religieux ont partagé ce qui leur en restait au mois de mai dernier, époque à laquelle ils se sont divisés pour vivre chacun en leur particulier; plusieurs ont vendu ce qu'il leur revenait pour leur part, afin de se retirer dans leur famille,

« Pourquoy ledit sieur Boulley est obligé de retirer son accusation signée de lui, le **28** janvier dernier, en présence de MM. les officiers municipaux de la paroisse de Notre-Dame du Bois, lesquels, d'avis unanime, déclarent être persuadés que tous les faits mentionnés à ladite délation sont exagérés, faux et calomnieux, et ont signé ce dit jour et an que dessus. »

Suivent les signatures de Larouveraye, maire de Touquette ; Noé, maire de Notre-Dame du Bois ; C. Mullier, officier de Notre-Dame du Bois ; Jean Petit, officier de Touquette ; Marin Quiquemelle, officier de Notre-Dame du Bois ; Dupont, notable ; Pierre Fresnais, secr. greffier ; Le Bas, notable ; Câtel, prêtre de Touquette, et plusieurs autres témoins.

Les religieux possédaient une bibliothèque, riche en volumes et manuscrits précieux : elle sera visitée par les membres du district de Laigle, pour être livrée ensuite à des mains étrangères.

L'Assemblée nationale l'exigeait ainsi par son décret du 14 novembre 1789 :

« Dans tous les monastères où existent des bibliothèques et archives, lesdits monastères seront tenus de déposer au greffe des juges royaux ou des municipalités les plus voisines les catalogues des livres, qui se trouveront dans lesdites bibliothèques et archives, d'y désigner particulièrement les manuscrits, de se constituer gardiens des livres et manuscrits ; enfin d'affirmer qu'ils n'ont point connaissance qu'il ait été soustrait aucun des livres et manuscrits qui étaient dans lesdites bibliothèques et archives. »

Voici le compte rendu et le résultat de la visite à la bibliothèque du monastère :

« L'an mil sept cent quatre-vingt-onze, le mercredi sixième jour d'avril, après midi, en la maison conventuelle de la ci-devant abbaye de Saint-Evroult, paroisse de Touquette, nous Charles Jamot et Bernard-François Aury, membres du directoire du district de Laigle, commissaires nommés par une délibération dudit directoire en date du jour d'hier, aux fins de visiter et examiner la bibliothèque et chartriers de ladite abbaye, y avons procédé en présence de M. Charles-Alexandre de la Rouvraye, maire, et autres officiers municipaux de ladite paroisse, soussignés.

« Entrés dans la bibliothèque, nous avons trouvé 4,034 volumes :

```
Dont  912 in-folio, ci.  .  .  .    912 volumes.
      586 in-quarto .  .  .  .    586     »
      2180 in-octavo .  .  .  .   2180     »
      356 manuscrits et bro-
          chures .  .  .  ,    356     »
                              ————————
             Total.  .  .  4034 volumes (1).
```

« Et vu qu'il est sept heures du soir, nous avons remis à demain matin huit heures la suite de notre opération.

  « Signé : Aury, Jamot, administrateurs ;
   La Rouvlraye.

« Aujourd'hui septième jour d'avril, huit heures du matin, nous commissaires susdits, en présence des sieurs officiers municipaux, avons procédé à l'examen des chartriers, ainsi qu'il suit :

« Entrés dans le chartrier commun y avons trouvé plusieurs armoires renfermant des titres et papiers dans différents tiroirs numérotés par colonnes depuis un jusqu'à huit, contenant huit cent soixante liasses.

« Dans une autre armoire à côté de celle

(1) Quatre cent quatre-vingt-onze volumes furent seulement conservés.

ci-dessus, avons trouvé plusieurs autres titres, procédures, mémoires, jugements, concernant différents procès terminés et à terminer.

« Ledit examen ainsi fait, nous avons remis les clefs auxdits sieurs officiers municipaux de Touquette et apposé les scellés sur les portes, tant de ladite bibliothèque que sur celles des archives communes et particulières de ladite abbaye, sous le cachet marqué de la lettre initiale du nom du sieur Câtel, procureur de la commune dudit lieu de Touquette ; et du tout avons rédigé le présent procès-verbal double, dont l'un a été remis aux officiers municipaux de Touquette, et l'autre est resté entre nos mains, ce que nous avons signé les jour et an que dessus, sur les six heures du soir. Et après avoir de nouveau examiné les armoires où sont reportés les ornements, devant d'autel, linge de l'église, nous y avons aussi fait apposer les scellés comme dessus, en présence desdits officiers municipaux.

« Signé : Aury, administrateur du directoire du district ; Jean Petit, officier ; Catel, procureur ; La Rouveraye, maire ; Jamot, administrateur, membre du directoire du district de Laigle. »

L'abbaye de Saint-Evroult n'appartient plus aux moines : on parle déjà de la détruire ou de l'abandonner à des usages profanes. Que deviendra cette magnifique église, témoin de tant de prières et de veilles, et dont chaque pierre est un souvenir ? M. le curé de Notre-Dame du Bois trouva le moyen de la conserver ; il la réclama pour sa paroisse.

Sa demande fut favorablement écoutée, malgré les protestations des habitants de Touquette.

« L'an mil sept cent quatre-vingt-dix, le dimanche, quatorzième jour de novembre, issue des vespres, les citoyens actifs de la paroisse de Touquette, dûment convoqués, se sont constitués en assemblée générale qu'a présidée M. de la Rouveraye, maire de la municipalité, élu par les suffrages unanimes. Il a fait lecture d'une lettre adressée à la municipalité par MM. les maire et officiers municipaux de Notre-Dame du Bois, tendante à obtenir son adhésion à une requête présentée à Messieurs du directoire du district de Laigle par M. le curé de la paroisse de Notre-Dame du Bois, aux fins d'obtenir l'église de l'abbaye de Saint-Evroult, en cette paroisse pour en faire son église paroissiale, et la mense abbatiale, de même en cette paroisse, pour en faire son logement. Mais comme cette chose intéresse la communauté des habitants, il n'avait voulu répondre à cette lettre sans avoir au préalable conféré avec la commune pour connaître son vœu à cet égard.

« Sur quoy après en avoir délibéré, il a arresté que MM. les officiers municipaux seraient priés, avant de donner leur adhésion à ladite requête, d'employer les moyens les plus convenables pour que la paroisse de Touquette soit conservée, de présenter à MM. les administrateurs un plan de ladite paroisse avec les alentours qui peuvent y être réunis, la distance de chaque église voisine, d'exposer toutes les raisons de convenance et le vœu général de tous les habitants pour sa conservation et de demander qu'en cas de réunion, si elle était jugée nécessaire, l'église de Saint-Evroult soit convertie en église paroissiale et accordée au sieur Curé de Touquette avec un logement dans l'enclos : le tout étant situé dans ladite paroisse et non dans celle de Notre-Dame-du-Bois, hors le territoire de laquelle le tout est situé ; et de faire valoir autant qu'ils le pourront les raisons qui démontrent la justice de cette demande : ce qu'ils ont promis de faire et ont lesdits citoyens actifs signé le présent ces dits jour et an que dessus. »

Suivent les signatures de Larouveraye, maire ; Froudière, secrétaire ; Jacques Bouvier ; Jean Deschamps ; Louis Forget ; Nicolas Hamel ; Jean Michel Foulon ; Jean Petit, officier ; etc.

Les vœux des deux paroisses furent exaucés : les habitants de Notre-Dame-de Touquette conservèrent leur communauté et ceux de Notre-Dame-du-Bois obtinrent l'église de l'abbaye : elle fut desservie, pendant la Révolution par M. Pitard, prêtre assermenté et rendue au culte catholique après le concordat de 1801.

Le 11 mars 1802 « au milieu d'une nuit, un fracas horrible annonça qu'elle venait de s'écrouler en partie. La tour, haute de cent pieds, fléchit sur une de ses bases, s'affaissa tout entière, et entraîna la chute des voûtes et des arcades supérieures. De ce moment, on ne pensa plus qu'à tirer parti des débris de la construction, et les spéculateurs s'emparèrent des belles pierres qui avaient servi à l'élever jadis. Abandonné à des spéculateurs, livré à la rapacité d'une bande noire, Saint-Evroult était ruiné à jamais (1). »

(1) (*Orne pittoresque*). Cette tour, qui en s'écroulant écrasa tout l'édifice, s'était écroulée une fois déjà, et avait été reconstruite et couverte en plomb par Richard IV.

Nous ignorons le moment précis où le célèbre monastère, devenu un amas de ruines, appartint à la paroisse de Notre-Dame-du-Bois ; cette réunion n'avait pas encore eu lieu en 1815, comme le constatent les deux écrits suivants, extraits des registres de Touquette.

« Madame de la Hais a fait sa déclaration, le dimanche 3 septembre 1815, comme elle entend faire sa résidence dans l'enclos de la ci-devant abbaye, sur Touquette, à partir dudit jour.

« *A Touquette, le 3 septembre 1815.*

« Signé : Larouveraye, maire. »

« Madame de la Hais a fait sa déclaration, le dimanche 17 septembre 1815, comme elle entend quitter l'abbaye de Saint-Evroult pour aller faire sa résidence à Argentan.

« *A Touquette, le 17 septembre 1815.*

« Signé : Larouveraye, maire. »

Lorsque la paroisse de Notre-Dame-du-Bois eut obtenu les ruines de l'Abbaye elle ajouta à son nom celui du pieux fondateur, pour en perpétuer le souvenir, et devint Saint-Evroult-Notre-Dame-du-Bois.

La Chapelle-Montligeon. — Imprimerie de N.-D. de Montligeon.

EN PRÉPARATION :

Histoire de la paroisse de Notre-Dame de Touquette, depuis son origine jusqu'à nos jours.